真珠の巻

萌木の巻

浅黄の巻

幼児室で笑えない話

保育所の子どもたちをずっと見てきた私が保護所の幼児室で感じた違和感は、入所時に泣かないということ。保育所では入所時親を後追いして泣く姿や、「ママがいい」「おうち帰る」などと訴える。

保育所のように保護者と一緒に来るわけではないので、いちがいには言えないかもしれない。ただ、平気そうに見えていた子どもも、夜、寝ていて夜泣きしたり毎日夕方になると寂しくなって泣く子がいる。それはそれで大変なのだが、ある意味、自分を表しているんだと思ってほっとしたりもする。

もうひとつは、ちょっとした子どものエピソード、けがをした時など喜んだり心配したりを心の底から共にできる保護者がいないという不思議な感覚だった。

同じ感覚はAくんと出会った時にも経験した。Aくんも幼い時から保護所に来ていたが、中学生になって来た時のことだった。個室で話していて何げなくジャージの裾をたくし上げたAくんだが、その足にひどく大きな傷跡があったので、どうしたのか尋ねたところ、三、四歳ころの傷だと思うが、どうしてこうなったのか自分も覚えていないし、誰も教えてくれなかったと答えた。「俺、家で育ってないけんさ」と淡々と話すAくんに合わせて普通に会話を続けた私だったが、心の中ではかなり動揺していた。親がいないってこういうことか、と実感させられた。

特に成長著しい乳幼児期に日々成長の姿を保護者と共感できることは、仕事のモチベーションも上がるし、やりがいを感じることでもあった。

Bちゃんはブロックで何か大きなものを作っていた。そして「Bちゃんのおうちはね、車がついとうとよ」と言っていた。Bちゃんの家族は車上生活者だった。

Cちゃんは「今ね、保育園探しようっちゃけど、どこも入れてくれんと」と悲しそうな顔をして言っていた。保育園に入園できたら退所となることを、Cちゃんなりに理解していた。

「おならしてごめんなさい」と謝る子や、土下座して謝る子もいた。また、お風呂を極度に嫌がる子、怖がる子も少なくなかった。

子どもたちにとっては、自分が経験している日常が当たり前だと当然思っている。

そして小学生、中学生になって「どうも自分の家は違うらしい」と気がつくこともあるようだ。

短期間でもきちんと食べ、遊び、規則正しい生活をすることで落ち着くし、成長が感じられる。Dくんも来たときはけがをしていたし、食事も満足に食べることができず、四歳という年齢の割に身体が小さかった。移動にはベビーカーを使っていて、食事も職員が介助して食べていた。そのDくんも成長目覚ましく、ほどなく自分で食事できるようになり、退所時には標準体重となり、走ることができるようになるほど回復していた。

里親さんへと引き取られていったDくん。その後家族全員で笑顔で写っている写真と共に手紙が添えられていた。「Dくんが来てくれたおかげで我が家は笑顔がいっぱいになりました」と書かれていた。保護所の職員をしていて最もうれしい場面のひとつである。

食事にまつわるエトセトラ

この場を借りてぜひ私が伝えたいのは、清掃業者と給食業者の方々への感謝のことばである。

給食の先生方は限りある予算と材料の中で、工夫して子どもたちに食べやすくおいしく栄養のあるものを作ってくださった。

保護所での子どもたちの楽しみと言えば、ほぼスポーツと食べることくらいである。子どもたちの日記を読めば一目瞭然!! 中には食レポのように、『今日のおやつはバナナクレープ!これがまた絶品!ふわふわのクリームの中にバナナが入っていてチョコレートソースとの相性もばつぐん』だったり、ほぼ毎日スポーツか食事のことしか書いていないという子も多い。 おかわりは早いもの順なので、いち早く食べ終わりカウンターに並ぶ。時計を見ると五分もたたないうちに食べ終わっている。「おばちゃん、これうまい」と言うし、まれに残してしまったら「残してごめんなさい」と自分から言ってくる。

私が「行列のできる食堂ですね」と言うとうれしそうに笑う調理師さん。初めて保護所に来た時に調理師っていいなぁと思った。保育所では絶対に自分は保育士がいい!と思っていたのに。一週間分のメニューを覚えて「明日のおやつはドーナツ」「今日の晩御飯は唐揚げ」と毎日楽しみにしている。調理師さんもおかわりを子どもたちの様子を見て準備したり、メニューになくても「ちょうどポテトがあったから」と付け合わせを工夫してくれる。

いつもガツガツ食べるEくん。「ちゃんと噛んでる? もうちょっと落ち着いて食べたら」と声をかける。すると驚く答えが返ってきた。「俺は親から「あんたたちがいるから生活費がなくなる」って言われて食べさせてもらえんかった。だけんここで俺は今までの分まで食ってやる」。そしてさらにガツガツとかきこんでいるのだった。

逆に全く食べることができなかったFくんは、保護所でみんなと一緒に食べることができるようになった。最初は個別に職員が交代で、そばについて一緒に食べたり、職員室から見える位置で食べる。姉のGさんから聞いた話だが、食事に対する親の指導が厳しく、たたかれたり怒鳴られたりしていたらしい。しかしそれが当たり前だと思って育った、と言っていた。保護所では職員から肯定的な言葉かけをもらったり、楽しく会話しながら食べたりとストレスもプレッシャーも感じないところが良かったのだと思う。

拒食やアレルギー、病児食、所外活動のお弁当、急な入所、本当に様々に対応していただいた。感謝、感謝である。

H・I・Jさんの脱出計画

清掃業者の方々にも頭が下がる。時々子どもから急にたたかれたり、道具を壊されたりすることもある。そして迷路のような建物の中、子どもたちのいない時間を見計らってその時間帯に清掃を終わらせていく。不審なことがあればいち早く職員に知らせてくれる。ある日女子トイレの便器の裏側の隙間にフォークが隠してあった、と持ってこられた。おやつのフォークの本数を確認するよう直ちに職員に伝達された。するとその夜、女子トイレのスリッパが一つ足りないと夜勤の先生から報告があり、確認しに行ったところ、女子居室のタンスになんとジャージとシーツが隠されていたのだった。

その部屋のH・I・Jさんが脱出を計画していたことがわかった。

Hさんは泣きながら自分が悪かったのだと言った。Iさんは姉御肌の子で気丈に「スリッパは間違えてトイレから履いてきてしまった。ジャージは寒かったから着ていただけ」と苦しい言い訳をしていたが、シーツが出てきたのには口をつぐんでしまった。Jさんが素直に事の次第を話してくれた。

「Hさんが彼氏に会いたいとずっと言っていた。Iさんは何とかして彼氏に会わせてあげたかったし、Iさんも姉妹のことが心配で（暴力をうけているのではないか）ここから出たかった。私にも協力してくれと言われて、とりあえずフォークを隠して……」（なんのために？）「……鍵をこじあけるために使おうと思っていた。ただ、自分はHさんの気持ちもJさんの気持ちもわかるし、でも先生たちのことは大好きやけん、先生たちに心配かけたくなかったたっちゃんね……」

子どもたちなりにいろいろ考えているんだなあと、私たちはその気持ちを受け止めはするものの、どうにもできないジレンマを感じることも事実だ。

また、落ちている髪の毛の先端がハサミで切られたものだと見抜くこともあった。大便のあとペーパーを使っていない、とか個室の窓の外に食べ物が捨ててあるとか、清掃業者さんは細かいところに気がつく。

私がここに来て驚いたことの一つが遺糞である。乳児は自分の便を汚いという感覚はなく、自分の体から出たもの、いとおしいとか、はたまた、身近な人へのプレゼントのような感覚があるという。小中学生が?と思ったが、特別支援学校籍の先生に聞くと、唾《つば》や便を投げつけられることなどよくある話、だと言う。窓の外に並べられていたり、シャワー室の排水溝に置かれて?いたりする。しかしそれも嫌な顔ひとつせず、清掃してくれる方々には本当に感謝である。

花壇にまつわる話

かつて荒れた中学校が問題になっていた頃、校長先生がある人にどうしたらいいか相談したところ、その人は「花でも飾ったら?」と答えたそうである。私もいの一番に食卓や窓辺に花を飾りたいと思ったが、これがなかなか大変なことだった。

なんせすぐ壊される、投げられる、で、ベランダの花壇はかなり広く大きなガラス越しに見ることができ、これは何とかしたいと思った。この花壇がなぜか不毛の花壇で何をどう植えても育たなかった。土を変えると害虫が大発生した。砂ぼこりがたち、球根もカラカラに乾燥したので水やりを頻繁にすると、葉が白くなる病気が流行《はや》って枯れた。それでも四苦八苦しながら手入れしていると、手伝ってくれる職員が一人、二人、でてきた。その中で臨時職員のKさんは何かと親身になってくれた。彼は社会福祉士を目指すも、定職がなく保護所の臨時職員として働いていた。爽やかなイケメンという感じでもちろん、子どもたちにも人気だった。子どもたちと彼にも何を植えたらいいか相談して、一緒に苗を買いに出かけた。

やっと花壇らしくなり、彼に写メを送ったが、返信が来ることはなかった。

彼は入院したあと急逝したのである。

それ以来花壇を見ると思い出すのがつらくて、手伝ってくれていた職員が皆離れていった。私も花壇を見るたびに彼のことを思い出しつらくなる。亡くなったあとに、社会福祉士の合格通知が届いたことを知り、また悲しみがひとしおだった。

毎年彼の命日が近づくと、写真を飾ってささやかながら花壇の花とお菓子などを供えたものである。

ある年同じように写真を職員室のカウンターに飾っていた。ちょうどその時食事を落ち着いて食べれるように、カウンターのそばに机を出してLくんがご飯を食べていた。Lくんはとにかく目ざとくて、カウンターごしに写真立てと花とみかんが見えたのだった。

「あのみかんは何?」とLくんは聞いてきた。「あれはね、ここに勤めていた先生が亡くなってね、お供えしてるの」と話すと彼は「ふうん」と言った。

またしばらくして同じことを聞いてきた。「食べられんと?」「食べられないよ。お供えだから。あの亡くなった先生が食べるの」

そもそもLくんにお供えとか理解できていなかった。そしてその後みかんはなくなったのだった。

しかしみかんはすぐに見つかった。Lくんの靴下が明らかに異常にふくれていたからである。写真のKさんがほほ笑んでいるように見えた。

暴力はやめられない?!

Mくんは笑った顔はとても優しくてあどけなかったが、すぐに手が出て、たびたびクールダウンのために個室に入っているような子だった。保護所では落ち着いた家庭的な環境を求められながらも、子どもや自分を守るためにも密室にならないよう、二人きりでもドアを開け、ドア側に職員が位置することを自然と行っていた。Mくんと私のおおよその会話である。

「暴力では何の解決にもならないでしょう? 一歩社会に出たら、警察沙汰になるよ」

「それはわかっている。先生は暴力を受けたことないやろ?」

「うん、まあ。それは幸せなことだったと思ってる」

「俺は小さい時から暴力を受けていた。だから受けたことのない先生に俺の気持ちはわからん」

「わからんかもしれんけど、わかろうと努力はしたい」

「暴力を教えられてきた俺に急に暴力はいけないと言われても俺にはわからん。じゃ、なんで今まで大人は俺に暴力をふるってきたと？」

「それは良くない形で教えてきてしまった、その大人も多分そうやって教わってきたんやろうね。だから私は暴力をふるってきた大人に代わってMくんに謝る。いつか誰かが勇気をもってこれを止めないと、ずっと暴力がつづいてしまうよ」

「誰かが止めんといかんのもわかるけどなんで俺？　部活とかさ、普通に上級生やったら下級生殴ってもいいんよ。俺やっと上級生になったとよ。なんで俺は殴れんと？　損やない?!」

話はずっと平行線。保護所では関わる時間も限られるため悔しい気もするが、これが限界、ということが多い。

結局、彼は退所後少年院に入ったという話を聞いた。
十五、六年生きてきて、たった数日やそこらで変わるとはそうそう思えない。
中学生のＳくんは家庭内暴力のため保護された。最近多くなってきたのは、スマホ、ＳＮＳに熱中して昼夜逆転、朝起床できず不登校となり親子喧嘩、暴力をふるって一時保護されるというケースである。家庭内暴力の場合の多くは暴力の矛先は家族で、職員や周りの子が被害を被ることはほとんどない。

私が保護所に来た頃は集団で過ごすことを全員希望して、個室に一人で過ごすなどクールダウンの時くらいで、どの子もすぐに集団に戻りたがっていた。しかし、この家庭内暴力だったり、不登校で引きこもりぎみの子どもの多くは、逆に個室で一人で過ごしたがっていた。このSくんもそうだった。私はゲームのこととかよくわからなかったが、彼ともよく話をした。彼の話を聞くと、彼はとても妹思いのごくごく普通の中学生に感じた。しかし彼もMくん同様、ゆるぎない自論を持っていた。彼が言うには「俺は幼いころより言うことを聞かないと親から暴力を受けていた。親はさんざん暴力をふるってきて、何も（制裁を）されてない。でも俺が暴力をふるうと警察を呼んでここに連れてこられる。なんで同じことをして自分だけがこんな目に遭うのか、不条理ではないか」というものだった。こうやって話している時は、こんなに穏やかで笑顔も見られるのに、親に向かって一度暴れると手が付けられず、大の男二、三人がかりで抑えられるのを目の当たりにもした。

家に帰ってはまた戻ってくるを何度か繰り返したあと、Sくんは家庭ではない別の新しい場所へ退所していった。MくんもSくんもいつの日か暴力の縛りから解放されるのだろうか。

Nくんと０くんは寄ると触るとトラブるので、それぞれ一人ずつ職員が付かないといけない状態だった。距離を離していても声や音に過敏に反応する。しかもこういう子どもたちは、決まったように一人が嫌で集団ですごしたがっていた。特にNくんはスイッチが入りやすく暴力行為に及ぶこともあった。

毎日毎日、あちこちで同時多発するトラブル対応に奔走し、子どもたちの就床時間まで見届けて帰宅する日も続いていた。とある日、やっと落ち着いた、と思って自宅に戻り部屋の戸をあけたとたん、携帯の着信音が鳴った。０くんに腹を立てたNくんが０くんの部屋のドアの小窓のガラスを殴り、手を切ったという話だった。夜勤の嘱託員が止血をしたが手首を握ったまま離れられず、傷の状態からすると病院で縫ったほうがいいのではということだった。救急病院に誰か付き添うとしても人手が足りない。

当時保護所は同じ建物の異なるフロアに二カ所あり、M保護所とH保護所でそれぞれトラブルが起こった場合、本当にお手上げ状態だった。夜勤の正規職員は一人しかいない。この日はH保護所でのトラブルだった。私が駆けつけると手首をつかまれて職員と一緒にしょんぼりすわっているNくんがいた。ガラスは中に鉄線が入ってる強化ガラスなのだが、「それでも割れるもんなんだね。どういう殴り方した?」と聞くと「いや、俺もまさか割れると思わんかった」と、落ち着いて答えていた。結局四針ほど縫って戻ってきたら、もう日付は変わっていた。

こういう何か気に入らないことがある、いらいらするなどといった時に暴れる、物をこわすという子はクールダウンしたあとに「(自分がしたことを)覚えていない」ということも多い。最初は演技か、うそをついているのかと疑ったりもしたが、どうも本当らしい。そしてほとんどの場合、何度も繰り返している。

霊?!にまつわる話

実はこのNくんはM保護所にいた時、当時事務室と隣接する医務室の壁を素手で破壊した過去があった。ふだん事務室にいた私は壁を壊す音にビクビクしたものだった。しかし事務室側の壁にはなんと魔除け(ネイティブ・アメリカンの御守り「ドリームキャッチャー」)を心ある職員がかけてくれていた。その効き目があったか否か、壁が貫通することはとりあえずなかった。今まで複数の子どもたちが壁に穴をあけたものだが、Nくんの破壊力はピカイチだった。

夜のトラブルは前述のように、正規職員は一人しかいないので何もない平和な夜勤もあれば、トラブル、入所、ややこしい電話等とんでもない夜勤もあり、職員は当番の度に祈るような気持ちで勤務に入る。職員によってはいろんなルーティンをもっていたり、パワーストーンや数珠などのお守りを身に着けたりということがある。五階のケースワーカーさんにいただいたお土産の鎌倉の大仏がしばらく職員の机にすわっていたこともあった。藁をもすがるというか、神仏に頼るというのは今も昔も変わらないといったところだろうか。

ところで、子どもたちの方は何かいろいろと大人に見えないものが見えているようである。職員の中にも霊感が強い人がいて、どこにどのくらいどんなものがいるのか（？）わかっていたので絶対その部屋で寝ない。子どもからもあの部屋には一人でいたくない、とか怖いなどという話を聞く。夜勤は一時間に一回程度の見回りを行うが、前保護所は広かったので何度もドアを開けたり、角を曲がったりする。そこここで、誰かの声を聞いた、走り去る足音を聞いた、子どもの声がした、などという話はよく聞いたものだ。

ちなみに私はまったく感じない。今までの職員の中で霊感ナンバーワンのC先生は本当にいろいろと見えるらしい。それも子どもの言うこととぴったり一致するのである。

平成三〇年度から三一年度への移行期に職員数名が退職していったが、その時に何人か（霊を）連れて行っただとか、よく一緒に花壇の世話をした亡くなったはずのKさんが面接室にいたとか、改修工事を控えてざわついていたようだ。

そして改修工事の終わった保護所でもすでに何人かの子どもたちが「何かいる」とざわついている。保護所はいろいろな思いの錯綜する場所であり、目に見えない不思議な力が働くのかなと思う。

赤木ダケ 誕生秘話

野球選手の登場曲ってカッコイイよね～
キセキとか♪
WANIMAとか♪～
私が談話室のドアを開け
Aくんいる～？
ジロ
チラ
何度も来たなじみのAくんとBくん
私が近づいていくと…
きのこ～のこのこげんきのこ～
エリンギ マイタケ ブナシメジ
とうたいだした。♪
…というわけで私の登場曲はきのこの唄に♪
自称 珍種 天然記念物 絶滅危惧種
赤木ダケの一日ハ…
雨ニモ負ケズ 風ニモ負ケズ 毎日チャリデヤッテキテ
痛くないの？
東ニケガシテイル子ガイレバ イッテ テアテシテヤリ
西ニ疲レタ職員ガイレバ行ッテスイーツヲススメ
おはぎ作ってきたよ～
どっさり

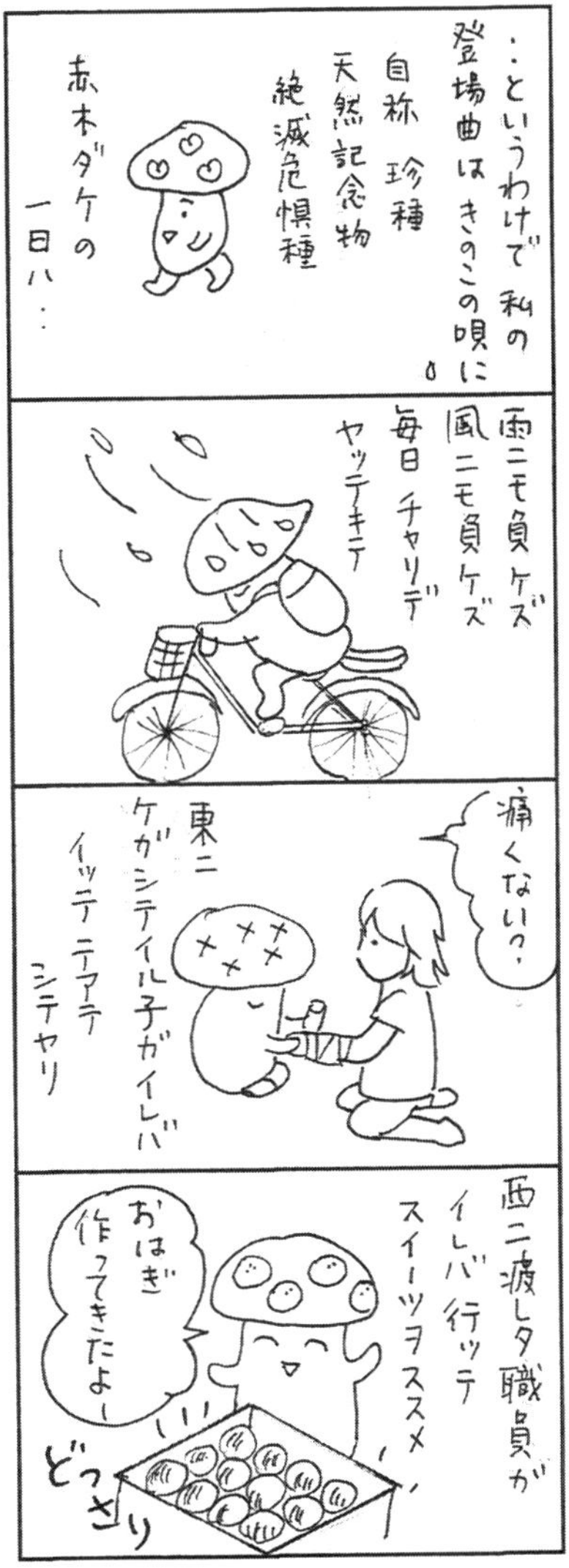
・・・というわけで私の
登場曲はきのこの唄に
自称 珍種
天然記念物
絶滅危惧種
赤木ダケの
一日ハ・・・
雨ニモ負ケズ
風ニモ負ケズ
毎日チャリデ
ヤッテキテ
痛くないっ？
東ニ
ケガシテイル子ガイレバ
イッテ テアテ
シテヤリ
西ニ疲レタ職員ガ
イレバ行ッテ
スイーツヲススメ
おはぎ作ってきたよ～
どっさり

南ニ死ニタガッテイル
人イレバ
行ッテ
話ヲ
聞イテヤリ
北ニケンカヤソショウガ
アレバ
つまらないからやめろ
ト
イイ
退所ノ
トキハ
涙ヲナガシ
定員超過ノ時ハ
オロオロ歩キ
また来たっ
フトン
着がえ
フロ
食事
etc…

保護ペットの話

カメは待っている 退所の日を・・
首を長くして
でも 飼い主(Mくん)が 退所しないと ねぇ
連れてって もらえたら いいけど・・
おさんぽ タイム
Sケースワーカーの担当 のMくん
どうなっとる かね
Sケース ワーカーの 上司
ファミリーホームに 決まりそうなんです けど
カメは 引きとってもらえない そうで・・
Sケース ワーカー
・・で カメも保護 延長をって
ふーん・・
・・でも 18才までは 保護できるもんねー って言った人が いるんです。
カメA 6さい
カメB 7さい
ええ!? だれ? そんなひどい こと言った人
自分だってこと 忘れてる・・
しかし めでたく 庭に池のあるお家に 引きとられて いきました。

仲良し兄弟

小学生のフロ上がり
Sくん遅いナー
緊急事態発生!
緊急事態発生!
気がきくJくん
Sくんが! まーだ
シーツかけてますっ
全員フロからあがっているのに
たしかにSくんはゆっくりさん
…そしておしっこもらしてます
それ早く言って
この優しいゆっくりなSくんには幼児さんの弟が…
仲良しの二人

その弟が七夕に書いた願い事は…
Sくんも
それからまもなくふたりとも里親さん宅へ行くことに…
先生また来るね
…もう来んでよろしい…
…何とSくんは「砂糖屋さん」と思っていたのだった
?
えっ砂糖売ってる人じゃないの?

翡翠の巻

琥珀

私が保護所に勤め始めた平成二四年。当時はまだ非行系の子どもたちも多く琥珀《こはく》くんもその一人だった。気に入らないとすぐに暴言、暴力に訴えることがあり、そのたびクールダウンのため個室に入っていた。こういう子どもたちの特徴は一人になるとすごく寂しがり、集団に戻りたがる。読書や学習などの一人での過ごし方が苦手ですることがない。なので見回りなどで部屋を訪れるととても喜んでくれた。私は夜勤を含めて慣れない業務のため気分的にも落ち込み、果たして一年（最低でも一年と思っていた）もつだろうか、と不安を感じていた。当時の職員数は臨時職員も含めると五〇人は優に超えていて、意思疎通が難しく情報過疎区域となっていた。いわゆるガラパゴス化である。

私が一番感じたことは、「第三者評価を受けたい」。私が感じていること、考えていることが果たして正しいのか、今の保護所の状況が子どもたちにとって改善できるところがどのくらいあるのか、ないのか……などなど。私も子どもたちに対してこの関わり方でいいのかどうか、試行錯誤しているところだった。

そんな私を救ってくれたのは琥珀くんだった。彼は小柄で不登校ぎみ、親とのトラブルが多く、自己肯定感が持てない子だった。そのため常に自分を大きく見せたいと思っていて、自分が周りからどう見られているのかを気にしていた。

逆に大人のこともとてもよく見ていて、「あの職員はうそを言っている。本当はそう思っていない」「その場しのぎのことしか言わない」など、私にも話してくれた。

私はよく夜勤明けに睡魔と闘いながら、また日勤のあとクタクタになりながら彼の部屋へ話をしに行った。特に大した話をするわけでもなく、雑談、バカ話、そしてちょっぴり今後のこと、保護所のこと。私はとにかく保護所に来た子どもたちが何を望んでいるのか、何を考えているのか知りたかった。彼は私のことをなぜか〝師匠〟と呼ぶようになった。別に何を教えたつもりもなく、彼がヤンキーにあこがれていたので、彼が好きそうな漫画やＤＶＤを持ってきたり話をしたりするくらいだった。

もちろん、良識の範囲内のものである。ヤンキーについては別に肯定も否定もしなかった。私は「どうやったらなれるの？　何するの？」など結構興味津々で、彼のなりたいヤンキー像?を聞いた。彼は保護所でも周りの子どもや職員にちょっかいをかけては注意を受け、暴言暴力を繰り返し、退所しても行き先でうまくいかず、何度か戻ってきていた。

私が保育所で大事にしていたことの一つは「信憑性」である。難しく聞こえるが、言っていることと行動が一致している、簡単にいえばそういうことである。琥珀くんとのやり取りでもそれを大切にした。彼が何を言ったとしてもまず受け止める。なぜそんなことを言うのか、考えながら彼の言うことをとにかくよく聞く。そして私は決して嘘は言わない。ささいなことでも。次にいつ話に来るか、少しでもできそうにないことは初めから約束はしない。

物品を持ってきてと頼まれると、すぐに持ってこれそうになかったら、理由を言って遅くなるかも、と言う。

当たり前のように思えるが、大人は子どもが相手だと「ちょっと忙しいからあとでね」とか「また今度ね」など、適当だったり都合のいい言い訳でおさめようとしたりする。乳幼児は感じてはいてもうまくことばで言い表せない。しかし中学生ともなるとはっきりと言う。言葉足らずで暴言になったりもするが、保護所の子どもたちはそれをただ表しているだけ。琥珀くんはまさにそれを教えてくれた。私にそのままでいい、それでいいんだと教えてくれたように思う。私も彼はただ親の愛情がほしかっただけだと思っている。もっとかまってほしかっただけ。ヤンキーになって注目をあびたかった、本当は寂しがり屋のごく普通の中学生だった。一年も続けられるのかと危惧した私が八年も務めたなんて、彼との思い出は琥珀に閉じ込められた宝物のような気がする。

紫苑

私は、新任からずっと保育所ばかり勤務をしてきたので、中にはかつて保育所で担当した子どもが保護されてくることもあった。紫苑くんもその一人だった。

名前を見た時にすぐに当時の紫苑くんの姿が浮かんだ。そのクラスはやんちゃな男の子が多く、紫苑くんもその一人だった。今思えばだが、ごく普通の家庭だったという印象しかない。紫苑くんのお母さんは他のお母さんたちと少し距離があって、親しいお母さんがいなかったように思う。私は気を付けて、そのお母さんには毎日声かけをこまめにするようにしていた。お兄ちゃんと二人、毎日お母さんが送り迎えをしていて、お父さんの影がほぼなかったが、他の家庭と比べてもそうめずらしいことではなかった。お母さんの足にいつもまとわりついていた紫苑くん。保育所に送り迎えをするのは圧倒的に母親のほうが多かった。私は「ちょっと個性的なお母さん」くらいにしか思っていなかった。

彼が入所したのは、家にいたくない、居場所がないという理由だった。小学高学年くらいから不登校気味だったと聞いた。紫苑くんは保育所の時の姿がそのまま大きくなった、という感じで、お互い顔を見てすぐにわかった。DVということも、あのお母さんに甘えていた紫苑くんがなぜ?と今の現実と結びつかなかった。

見た目はあまり変わっていないように感じたが、あの活発で生き生きしていた紫苑くんの姿はなかった。まだ中学生になったばかりなのに、すでに何もかもあきらめたような表情だった。

保護所にたくさん漫画本があることだけはとても喜んでいて、「これだけあれば、当分は退屈しない」と言っていた。あまり周りの子と関わることもなく、静かに過ごしていた。

私はなんとか紫苑くんを元気づけられないかと思い、私が保育所で担任だった時の写真をたくさん持って行って見せた。園庭のジャングルジム、プール、遠足、運動会、クリスマス……、周りに同じクラスの子どもたちが写っていて「あ、これ○○ちゃん。なわとびがじょうずだった」「△くん、いっつもおかわりしよったね」と思い出話にふけって、紫苑くんもめずらしくよくしゃべった。そして「あの頃はよかった」とぽつんと言ったことばは私の心にひっかかった。

「今は？　楽しくないの？」

「小学校三年生くらいまでは、楽しかったんよね。でもそれからは、ちっとも楽しくない」

そう言って寂しく笑い、写真から離れていった。

私は今でもその寂しい笑顔が、ブルーよりちょっと暗い紫苑色に思えて忘れられない。

幼少の頃の毎日のように底抜けに明るく笑っていた紫苑くん。少しでも楽しかった頃を糧《かて》にあの笑顔を取り戻してくれないか。その後まもなく彼は退所し、それきり保護所に来ることはなかった。居場所が見つけられたんだな、良かった、保護所に来ないことがなにより、と思っている。

瑠璃

瑠璃さんはいわゆる非行児と言われる子が多い世代だった。〝ザ・非行〟というか、教師に反発し、学校をさぼり、仲間とつるみ、けんかして、喫煙して……といったふうな。ゴールデンウィーク中に携帯が鳴った。瑠璃さんが暴れている、ということだった。駆けつけた時は徐々におさまっているところだった。Nくんといい瑠璃さんといい、瞬間的に強い力が働くようである。ふすまを見事に投げ飛ばしていたのだった。彼女は何をしたかは「よく覚えていない」と話していた。なぜ週休の私がやってきたのかを気にしていた。「先生、今日休みやったんじゃない？　なんで来たん？」と聞くので瑠璃さんが暴れていると聞いて心配して来たと言う、と、とても申し訳なさそうに「私ごときのために……」と言っていた。

彼女は芯のしっかりした子で道理をわきまえることのできる子だった。しかし親との関係がうまくいかず、幾度か家に戻ったものの、繰り返し保護所に戻ってきていた。

そんな中、彼女は保護所の職員と信頼関係を作っていった。特に夜の時間帯は日記や個別に会うことで自分の気持ちや思いを打ち明けるようになった。日々「今日は○○先生来るよね」と親しい職員を心待ちにするようになった。

彼女との忘れられないエピソードは多々あるが、そのうちのいくつかを書き綴ることにする。

何回目だったか、瑠璃さんが再び保護所に来た時のこと。保護所に複数回やってくる子どももいるが、その「リピーター率」は結構高かったと記憶している。再びやってきた時の対応というのが、保護所の職員の気持ちとしては微妙である。この時は、いったん家に帰ったが短期間で再びやってきたのだった。私は「元気にしてた?」と聞くことが多いが、その時もそう聞いたと思う。「うん」と彼女は答えながらも、「いや、ちょっと心配なことがある。大丈夫とは思うっちゃけど……」と続けた。

妊娠検査薬がほしいと言うのだ。「その人は好きな人?」と聞くと「別に。彼氏じゃない」とあっさり答えた。私は平静を装っていたが、心の中は悲しみと怒りでいっぱいだった。しかしここで説教をしても仕方ないし、いちいち怒ってもいられない。

同じような話はめずらしくない。かつて茜さんや桜さんからも聞いた。茜さんは「お金くれるんやったら(誰でも)いいよ」とあっけらかんと言った。桜さんは「別に感情とかなんもないし。ただ黙って(事が終わるまで)じっとしとけばいいだけやし」と言った。

そんなことを聞くと本当にいたたまれなかった。

彼女たちに対してだけでなく、それまでに誰も怒ったり悲しんだり心配してくれる人がいなかったということに対しても悲しかった。

しかし、こんな私の気持ちを瑠璃さんは理解してくれたのだった。「そうやね。先生がお母さんやったら怒るよね」と瑠璃さんは言った。茜さんや桜さんとどこがちがうのだろうか。

正解かどうかはわからないが、瑠璃さんの親はなんのかんの言っても瑠璃さんに関わろうとしていたのだと思う。ただ、その関わり方は子どもを親の思い通りにさせようというものだった。親の言うことを聞く、学習もスポーツもできる子、親にとって理想の子を望んでいた。「何でも買ってくれた。美味しいものも食べさせてくれた。でも瑠璃が一番ほしいものはくれんかった」と彼女は言った。

何回目かの入所の時、彼女はひどく不安定で自傷行為があり、血で床や壁に文字を書いたりしていた。目覚まし時計など物品を壊してその破片を使ったり、爪を使ったりしてリストカットを繰り返すので職員は目が離せなかった。何としてでも自傷できるものを執拗に手に入れようとしていた。

保護所では複数の子どもが薬を服用していたが、カプセルや錠剤は通常一個ずつプラスチックとアルミで挟んだＰＴＰ包装シートに入っている。彼女はこのシートの殻を隠し持つようになったのだ。角がかなり鋭利なので中の薬だけ渡して殻は回収していたのだが、他の子に頼んで手に入れたようだった。最初は職員は何とか回収したいと思っていたが、お守り代わりというか、それを持つと落ち着くというので、しばらく様子を見守ることにした。

ある日のこと、彼女が外泊に出たことがあった。その時彼女の部屋の窓の桟の上にそのＰＴＰ包装シートが置かれていた。微妙にカーテンの陰になったところにあり、彼女が本当に忘れていったのか、それとも職員を試す（？）ようにわざと置いたのか、職員の中でも意見が分かれた。チャンスだから回収したほうがいいという職員と、回収したことでより不安定になったらどうするのかという職員もいた。しかし最終的には回収しないで、そのままにしておこうということになった。

さて、その後どうなったのか？

彼女は戻ってきてからも以前と変わらない様子ですごしていた。もちろん誰も何も言わないので彼女も何も言わない。そっとしておいてもいいのだが、私はやはり気になってしまって、思い切って彼女に聞いたのだった。どうやら本当はうっかり置きっぱなしにしてしまったらしい。

「もし先生たちがあの殻を取ってしまってたらどうした？」と聞くと、あっさり、「先生はそんなことせんやろ」と答えた。確実に職員と瑠璃さんとの信頼関係ができていたと感じた瞬間だった。そして、いつの日かＰＴＰ包装シートがなくてもやっていけることを信じた。

数週間後、瑠璃さんはようやく退所の日を迎えた。親と離れて暮らすことになったものの、新たな居場所を見つけたのだった。彼女は少年サポートセンターの職員に髪をきれいに結ってもらい、数人の職員に見送られ涙ぐんでいた。まるで花嫁を送り出すかのような不思議な気持ちだった。保護所でしか関わることのできない私たちは、退所の時はただ元気で頑張ってと祈るような気持ちで送り出すしかない。

そんな瑠璃さんが中学を卒業するということで、私は瑠璃さんの担当をしていた少年サポートセンターの職員と彼女の中学校へ向かった。式に列席する人がいないかも、という話もあった。

実は瑠璃さんはずっと以前から卒業式にあこがれていた。卒業式というより卒業式で刺繍ランを着ることを夢見ていたからだった。私はそんなに刺繍ランが着たいのであれば、着せてあげたいとさえ思っていた。さすがに地元を離れたこともあり「刺繍ランは着ないかな…」と言っていたが、退所してはや四カ月、ひそかにでも彼女の姿を見て、祝ってあげたいと思った。

体育館の冷え冷えとした保護者席の隅に座って、私たちは式の様子を見ていた。彼女は途中編入ということなのか、一番後ろの席だった。少し離れたところに親御さんが来られていたようだった。滞りなく式は終わり、いったん生徒はクラスに戻り、休憩をはさんで式の第二部が始まるということだった。退場の時に瑠璃さんは私たちに気づきとても驚いた表情をしていた。と同時に親御さんが帰られたことも気づいていた。

保護者席は生徒たちの両親だけでなく、兄弟や祖父母などが複数で列席しているところが多く、よけいに瑠璃さんが気の毒に思えた。

第二部が始まると、生徒たちが自主的にホームルームを始めた。なんと一人一人が順番に保護者席あるいは恩師たちに向かってことばを述べ始めたのだった。ある子は部活の○○先生に、ある子は女手ひとつで育ててくれてありがとうと母親に向かって、ある子はいっぱい迷惑かけてごめんと両親に――。一番前の生徒から順番で回ってくるので瑠璃さんは一番最後だった。

私は生徒たちの言葉を感心して聞きながらもハラハラしていた。

瑠璃さん、どうする？　親御さんはいない。彼女は四カ月足らずしかこの学校に通っていない。何か言えることばがあるのか？　次第に順番が近づいてくる。私は自分のことのようにドキドキしていた。

そしてラスト、瑠璃さんの番になり、彼女はスッと立ち上がると生徒の方に向かって、「クラスのみんなへ、途中から転校してきた私と仲良くしてくれてありがとう。そして」と保護者席に私たちに向かって「今まで私に関わってくれた大人のみなさん、私がここまでこれたのは皆さんのおかげです。ありがとうございました」とまっすぐに前を向き、凛《りん》として言ったのだった。

私たちは感極まって号泣していた。彼女は私の中で瑠璃のように輝いている。

藍と桃

藍さんも何度も保護所に来た子だった。藍さんとの思い出もたくさんあるし、彼女への思い入れもある。なかなか友達とうまくいかず、トラブルが多かった。基本的に寂しがり屋なので、すぐに彼氏を見つけては別れるを繰り返していた。

ここ数年女の子で多くなったのはＳＮＳを通じての援助交際で、藍さんの何度目かの保護もそれが原因だった。しかし被害者がいるということは、それ以上に多くの大人が介在しているのだと思うと、とても腹立たしい。なぜ彼女がこの件に関わったのか、何の変哲もない日常会話のように彼女は話した。

誕生日だというのに誰も祝ってくれない。でもたった一人ラインをくれた子がいた。桃さんだった。そんなに親しい仲ではなかったが、自分の誕生日を忘れないでいてくれたことがとてもうれしかった。なのでいいバイトがあるよと言われると断れなかった。ライブハウスのバイトという名目だったが、行ってみるとデリヘル（デリバリーヘルス）だった。

そこまで聞いた私の中に衝撃が走っていた。

それは、数カ月前にさかのぼる。その日は週休で昼下がり、私は自転車で自宅の近くの道を通っていた。駅から徒歩でも数分しか離れていない場所でまわりはマンションが多く立ち並ぶ住宅地の細い道だった。「あ、先生！」と桃さんに声をかけられたのだった。人通りのあまりない道端だったが、自転車に乗っている私のことがよくわかったな、と思った。女の子はだいたい化粧していたり髪型が保護所と違うので、街中で会ってもわからないことが多い。私も声をかけられなければ桃さんだとわからなかった。桃さんも横にいた友達らしき女の子ももちろん化粧をしていた。「保護所の先生」とその子に桃さんが教えた。

「こんなとこで何しようと？」と聞くと、「この辺にライブハウスがあるって聞いて探しよっちゃけど」と言う。

私はうん十年ここに住んでいるがライブハウスなど聞いたことがない。嫌な予感がした。ずっとこの仕事をしていると、勘というのか予兆というのか、特殊な力が働く時がある。

「ライブハウス？　この辺で聞いたことないよ」

私が怪訝《けげん》な顔をしたためか、「いやいや、そんな悪いこととかしよらんって」と桃さんは笑って言った。ほんとうにそうだったらいいけど……と思い、「気をつけてね」と言って別れたのだった。

そのことを思い出したからだった。その後桃さんはまた保護所に来たが、その時はすでに妊娠していた。なぜ桃さんが藍さんを誘ったのかはわからない。なぜあの時止められなかったのか……と私は悔やんでも悔やみきれなかった。

藍さんのことは桃さんや他の子どもたちとあいまって、深い藍色に染まっている。

珪

珪さんのことを考えるととても切なくなる。

子どもたちの中には過呼吸を起こす子もめずらしくない。珪さんはその過呼吸を起こして病院に担ぎこまれたあと、保護所に来たのだった。初めて過呼吸を見た人は誰でも驚き、救急車を呼ぶことになると思う。そのくらい救急処置をしないと危ないのではと思わせてしまう。落ち着いている時は、ごくごく普通のお年頃のお姉さん、という感じだが、会話の端々に出てくるのはとてつもない闇の部分である。幼いころから目の前で繰り広げられていたDVだったり、中学生の時の自殺企図だったり、落ち着かない時は、リストカットごっこと称して電球を割るなどして破片で自傷を繰り返したり、消毒液を飲もうとしたりと、一時も目を離せない状況だった。かと思えばトイレに立てこもるので、脚立を使って個室に入って救出したりということもあった。

このトイレの個室に立てこもるというのは、他の子どもにもよくあることだった。保護所内ではなかなか持てない誰にも邪魔されない自分だけの空間……ということで落ち着くのだろう。

また、過呼吸を起こすことも毎日のように続いていた。どれほどきつく、ひどく、苦しい思いをして過ごしてきたのか、自傷だったり破壊だったり立てこもりだったりという行動がまさにそれを表していたんだなと思う。

話はそれるが、自殺企図といえば蒼さんが話してくれたことが驚愕だった。蒼さんももともと自殺企図があり、過呼吸もあり、落ち着かない日々を過ごしていた。何げない話から「誰の歌が好き？」と聞くと、私が全く知らない歌手の名前をつらつらと並べ、「あのね、こんな歌」と彼女が歌ったのはまさに自殺の歌だったのだ。そういうウェブサイトがあるとかで、彼女はとてもかわいい声であどけない顔で歌った。

「♪さあ〜とべ!!　これでねえ、飛び降りるとよ」

こんな歌で本当に自殺する人がいるのか、それとも？　歌うことが好きと言っていたので、私はその自殺の歌とやらをずっと聞かされた。

珪さんの話へ戻る。ある夜、職員が「赤木先生、救急車呼びましょうか？」と聞いてきた。珪さんの過呼吸だった。およそ二〇分は続く。その間そばについて背中をさすったり、呼吸しやすいように声をかけたり見守る方もつらい時間である。

「もう少し様子見ましょう」。その日はおさまるまでに四〇分ほどかかった。そして夜はなかなか眠れない。「何か話して」と彼女が言うので、他愛もない話をした。一時間はかかったと思うが、その日は眠ることができた。翌日も落ち着かない行動が続いて、過呼吸のあとトイレに立てこもった彼女を連れだして布団まで連れて行った。

その時の彼女は放心状態で、何もしゃべらないし、瞬きもほとんどしない、無反応の状態だった。しかし目はあいているので、眠ってはいない。

どうしたらよいものか、わからなかったが、とりあえず、覚えている昔話をした。一六歳の少女に『おいしいおかゆ』(グリム童話)、『三枚のおふだ』(日本昔話)、自分でも「?」と思いながら話した。やはり反応は全くなかったが、まだ眠ってはいなかった。次はもう子守歌しかないと思って、『ねんねん山』という子守歌を彼女の名前を入れて歌った。

あとでその時のことを珪さんに聞くと、自分のしたことも、私の話も覚えていないと言った。ただ、「赤木先生の声が落ち着く」と言った。この時私は、「人の声はプレゼント」であり、「人間の声が一番素晴らしい楽器」、「人の声には人を癒す力がある」ということを実感した。

その後まもなく珪さんは退所したが、「また保護所に戻ってきたい」と言っているという噂を聞いた。

蒼さんも珪さんもどうか、自分の声を聞いてくれる人、自分のために声をかけてくれる人、そういう人にめぐり会って生きてほしいと願うばかりである。

保護所の水着

えー
ひところの保護所の水着といえば
何この水着
実はコマネチ
このギャグわかる?
そう、学齢女子は全員コマネチだった
職員のわりふりは当日朝のミーティングで決定
幼児さんにT先生
中学生B先生
おそくなりましたー
急に人が足りず呼び出されたF先生
えぇ〜学齢女子プール引率!?
いきなり
大丈夫職員用の水着もあるから〜
気の毒なF先生
その水着を着て油山の川遊びに行った時のこと
イケメンチャラ男先生
小学生Mちゃん
あ…あ〜っ

あぶないっ
Mちゃんっ
ああっ
つるっ
バボ〜ン
Mちゃんは無事
そのかわりチャラ男先生がコマネチに
水もしたたるイイ男
えへ
キャ
やだキモ〜
Fくん秘話
中学生学習室
ハイ！先生 てがみって漢字がわかりません。
辞書ひいて調べてごらん
オレ辞書のひき方わからんし〜
え〜と
て・が・み・・・ て・て〜て・・・ つ・つ〜
ツンドラ
ガク

Kくん 秘話

時々中学生にせまられることがある
赤木せんせい
な…何？Kくん
私なんか悪いことした？
何才ですか？
ガク
…あ…あのねKくん…

女性に
年令と体重は聞いたらいかんのよ
その日の夜…
先生、ボクここに来てやせた気がするんです
体重はからせてください
どうぞ面接室ではかっておいで
イヤです！ボクのへやに持ってきて下さい

Rくん 秘話

もー この体重計 重たいんだから! 早くはかってよね
ハイ 持ってきたよ Kくん
赤木先生
乗ってください
イヤよー 何で私が体重計に のらないといけないのーー
気にしてるのよ…
また別の日の夜 今度は中学生の Rくん
赤木せんせい
ボクのへやに来て トントンして下さい
イヤよー 何で中学生を トントンしないと いけないの〜の。
ピュ〜
結局…
zzz

真珠の巻

なぜ私が一時保護所に勤めることになったのか

昭和五八年、私は保育士として公立の保育所に勤めることになった。その保育所で四年目に初めて年長児を受け持つことになった。定員を超過していたが、この時からすでに私には定員超過に縁があったんだなと思う。（一時保護所の定員超過はよくあることだった。）

五月のとある日、事務室に来客があり、その女の人は園長先生に泣きながら頭を下げて話し込んでいた。何を話しているんだろう……と思ったら、そのわけがまもなくわかった。園長先生が私に申し訳なさそうに、「先生のクラス、定員を超えているけど、もう一人入れていい？」と言われた（これも保護所と変わらない情景だ）。ということは、先ほどの来客は藤崎くん（仮名）のお母さんか。

理由を聞くとお母さんは離婚して子どもは二人、姉は小学生、藤崎くんが五歳児。お母さんはギャンブルにはまって藤崎くんは二歳の時から保育所に来なくなっていた。気がつけば来年就学というのに、ことばはおぼつかず、箸も握れない、二歳児の時とほぼ変わらない状態にあわてて保育所に助けを求めた、ということだった。

もちろん断ることはできない。その一年足らずで私が何をどうできたのか、とにかく毎日が必死だった。夏休みには小学校の先生に参観に来てもらい、ていねいに引き継ぎ、気になりながらも卒園させたのだった。ランドセルをしょって嬉しそうに登校する姿を見たのが最後だった。

その初めて卒園させた年長児が一八歳を迎えるという年だった。同じクラスだったNくんから電話が入った。藤崎くんの訃報だった。私は驚いて彼が暮らしていた団地へ駆けつけてみると、小さな仏壇に位牌と写真が飾られていた。母親は彼が小学生になってまもなく子どもたちを叔母に預け、遠方で暮らしているということだった。姉は結婚して別世帯で暮らしていて、彼は叔母さんと二人で暮らしていた。高校を卒業して就職したがうまくいかずに悩んでいた、と言って叔母は泣き崩れていた。

写真の藤崎くんは年長児の時と同じ、ちょっとはにかんだあどけない顔で笑っていた。初めて受け持った年長児。気になっていた藤崎くんのこと。就学前にもっと身につけておけばよかったことはなかったのか、相談できる人はいなかったのか……。

いろんな思い出がよみがえり、涙が止まらなかった。その時、なぜ一八歳になるまでの間になんとかできなかったんだろう、助けることのできる大人はいなかったのか、という強烈な思いにかられた。

この出来事が、その後の私を大きく方向づけることになる。

「児童相談所へ行く気はないか」と打診があった時、その思いが私を児童相談所へと背中を押した。今思えば保護所に来ることも、勤務を続けることができたのも子どもが背中を押してくれたんだなと思う。本当に子どもたちにはいろいろなことを教えてもらった。

私はそのことを一人でも多くの人に伝えたいと思う。それは日々、三六五日、二四時間子どもたちと寝食を共にした一番身近な職員の率直な感想であり、子どもたちのありのままの言葉であり、生活そのものだったからだ。

児童相談所一時保護所とは

児童相談所は毎日のようにマスコミ報道で取り上げられ、耳にすることも多いと思うが、一時保護所となるとほとんど知られていないのが実情ではないだろうか。

かくいう私も異動対象先には入っていたものの、市職員で保育士として採用された者にとっては、保育所以外の勤務場所はあまり視野に入っていない。一時保護所に来るまでは、「事件や事故などなんらかの事由で保護者が不在となると行くところ」という漠然とした認識しかなく、そこで子どもたちがどう過ごしているかなど知るよしもなかった。

平成二四年四月。不安と緊張の中、私は異動した。その当時の一時保護所は定員四〇名の全国的に見ると規模の大きい保護所だった。一時保護所の規模や実情は各自治体によって大きく異なる。私はこの八年間の間に数カ所の一時保護所を見学して比較参考にすることができたが、保護所という特殊な勤務の職場ということもあり、全職員が一同に集まる、ということができず交流や研修が難しい。二四時間三六五日途切れることない職員の勤務態勢でカバーしているからだ。

保育所だと職員の異動や、日々保護者の送り迎えなどでいろいろな視点からの気づきや交流、連携で資質を上げていくことができるが、ほとんどの一時保護所は閉鎖的で一般の人が中に立ち入ることじたい難しい。当時私が着任した一時保護所は建物内に二カ所設置されていた。未就学児が過ごす幼児室（おおむね二歳～）、小学生以上一八歳未満の子どもたち（学齢児）が集団で過ごすフロア（＝M保護所としよう）もう一カ所は主に中学生以上で集団になじめない、高校に通学するなど個別処遇の子どもたちのフロア（＝H保護所としよう）に分かれていた。このH保護所は鍵がかかっておらず、比較的自由に出入りができた。M保護所とH保護所は完全に独立しており、それぞれの子どもたちが交流することはない。職員はその日の割り振りにより分かれてそれぞれ勤務する。

私が見学に行ったところは鍵もかかっておらず、自由に出入りできる保護所もあったが、全国的にはめずらしい。

着任して教えてもらったことの一つは、「エレベーターの扉が閉まるまでそばから離れない」ということだった。全てのドア、窓、エレベーターは鍵やロックがかかっており、開いたエレベーターに子どもが乗り込んでしまったらいけないということだ。八年間の間に、私は何度も職員やケースワーカーが乗り降りする際に子どもに入られてしまった、という場面を見た。この話はまた後ほど紹介する。

どんな子どもが来る？

定員は幼児室に一二人、集団処遇（M保護所）の学齢児が二〇人、個別処遇（H保護所）が八人、全体で四〇人がおおよその人数であるが、緊急を要するときはこの人数を超えても受け入れる。そのため、定員と言いながら常に流動的で、女子が多い時もあれば、中学生が多い時もあり、日々構成メンバーは変わる。単に保護者が入院などでの養育者不在のための養護、虐待による保護、家出や窃盗、サイバー補導など非行での保護、施設や里親宅での不適応などでの育成、再アセスメント等、理由は様々である。そういう背景や課題が様々で、年齢、性別も異なる子どもたちが集まり、しかも日々入れ替わるため、集団が流動的なのである。

保護期間は二カ月までとなっているが、数日で退所する子もいれば、二カ月たっても行き先が決まらない子もいる。だいたい平均すると一カ月くらいだったと思う。子どもたちの多くは発達障がい（二次障がいも含め）だったり、不登校だったりで、年齢相応の学力や知識のない子である。ルールを理解して守ることが難しいため職員はより厳しい対応に迫られることになる。

どう過ごしているの？

小学生以上は午前中は学習、午後はスポーツ、自由時間という日課だが、私が見学した他の保護所でもほぼこのような日課となっていた。

どこの保護所でも似たような状態はあるが、私が知る限りでは規模の小さい保護所の方が一人ひとりに目が届きやすく自由な雰囲気があるように思う。子どもの人数が多くなると、どうしても管理的にならざるを得ない。ルールや決まり事が多くなる。どの職員が対応しても同じ指導ができるように、トラブルを未然に防ぐためなのだが、ルールやきまりが多くなればなるほど、子どもたちにとっては窮屈で息苦しいものになる。

例えば遊具ひとつ貸し出しをするのでも、年長の子や力の強い子が威圧をかけることがあるため、順番を決めたり責任者を決めたりする。壊したりなくしたりすることも多い。その都度話すがまた同じことが繰り返される。

また、紙と鉛筆は出せる時間が決まっていた。連絡先の交換に使われたり、自傷行為に使われたりするので、一本でも一枚でも、端が破られていないかまで細心の注意を払っていた。洗濯機に子どもたちの衣類を入れる時はポケットを必ず確かめる。数字や文字の書かれた紙が入っていたら外れくじを当てたように「あ～、引いてしまった」とがっくりくる。子どもに聞き取りをしないといけないし、事の次第をはっきりさせなくてはいけないからだ。しかし私が来た頃から二、三年経つと、連絡先交換は徐々に減ってきた。それはSNSで簡単につながり合えるからである。

なぜ連絡先を交換してはいけないのか。それは保護所で知り合った子どもが退所後につるんで非行に走ったりすることがあるからだ。また、プライバシーの観点からも保護所内でのことはむやみに口外しないと、子どもたちに知らせていた。個人情報の取り扱いについては細部にわたって厳重にしている。子どもたちにもどこから、なぜ連れてこられたのか、家族のこと、どこの学校か、退所した子のことなどをしゃべってはいけないというルールである。職員もしかりで自分の名字しか知らせないが、子どもたちは名前で呼ぶことになっている。

また、男女を問わず性的虐待を受けている子や、性的早熟や逸脱を伴う性化行動の子もいるので、お互いの身体に触ったり手をつないだりできないことになっている。小学生でも低学年の子どもや、愛着障害の子どもはベタベタとくっつきたがるのだが、いろいろな場合を考えてこのようなルールになっている。

どのルールにも一つ一つは理由があるのだが、職員としては名前を含め自分のことは話せないし、時と場合によっては必要な身体接触など、主要なコミュニケーションツールの多くが使えないということである。子どもたちと信頼関係をつくることが非常に困難になる。

次に一時保護所では当たり前となっていることだが、周りからよく聞かれることについて記しておこう。

日記の話

一時保護所の学齢児以上の子どもたちは毎日、夕食の後に日記を書く時間がある。その日の出来事、自分の思いや気持ちなどを原稿用紙に書き綴り、職員に読んでもらう。子どもたちにとって、話し言葉でも表すことが容易ではないことが多いが、それにもまして文章に綴るとなると、より思うようにいかない。

その表現できない思いや気持ちを暴力や暴言で表してしまうことも多い。もどかしい気持ちを「イライラする」ということばで表現していた子もいた。また、家に帰ることができるかどうかの親との面接でうまく話せず、保護所に戻ってきて壁を殴ったり、落ち込む子どももたくさんいた。

前もって「先生、ね、なんて話したらいい？　親、わかってくれるかな？」と職員に相談してあれやこれやと考えこむ。そうしてあらかじめ入念に考えていたつもりが、うまくいかず泣きながら保護所に戻ってくる姿を私は何度見たことだろうか。子どもの処遇を左右するような面接を、職員も心配しながら祈るような気持ちで待っていたことも多々ある。

ところで、日記に書き綴られる内容は、主にスポーツとおやつや食事についてが多く、ついで学習や面接などである。しかし中高生の中には赤裸々な思いを原稿用紙に延々と書き綴る子もいた。

ある子どもの日記の一部を紹介する。

爪や鉛筆の芯で自分を傷つけていた子は、

「やめんといかん、やめんといかんって思うけどやめられん。」「先生、なんで心配すると。汚いよ。さわらんで。」

親との面接後の日記に、

「あ〜、なんでこうなるんやろ。親にあんたなんかいらんって言われた。生まんどけば良かったって。じゃあ、私どうすればいいん。最初から生まんどけば良かったやん。」

「なんでやろ。言いたいことがあるのに、親と面と向かったら何も言えん。」

暴言が入ることもあるが、その子の精いっぱいの表現なのだろう。

日記は子どもに返すことはない。

原稿用紙の分厚さは、保護日数の多さと比例する。毎日「今日でここに来て○日目」と日数を書き記す子も多い。子どもが退所した後に分厚い原稿用紙の束が残っていると、これだけの日々を一緒に過ごしたんだな、よく頑張ったね、と思う。

明日が退所、という保護所で最後の夜に書く日記は、職員に対する感謝のことばが綴られていることがある。一番つらい時期に書き綴った日記を、子どもが退所した後に改めて読み返すのは、感慨深いひと時である。

自分の服や持ち物が使えないんですか？

基本保護所の服や物品が貸与されるが、場合によっては個人の物を使うこともある。

一つには着の身着のままで入所してすぐに入浴、洗濯が必要だったりすることもあれば、衣服がかなり痛んでいて保護所にいる間にさらに破損の恐れがあることも。また、女子で露出の多い服を着ていることなどもある。退所する時には、来た時の服をそのままお返ししたいという思いもある。

保護所ではTシャツにハーフパンツを二～三組セットでもらい毎日取り替える。私も子どもたちと同じようにしようと思って、上は半袖ポロシャツ、下はハーフパンツを夏も冬も八年間通し続けた。その間ルールや決まりを少しずつ見直していき、子どもが希望すれば私物も使えるようにしていった。そして保護所内では上履きは履かずに靴下で過ごしている。これは無断外出しにくいように、ということもあるが、履き物が凶器になったりするのを避ける意味もある。実際に私が見学に行った保護所で、以前は履物を使用していたが、危険なことがあったのでなくしたという話も聞いた。

外出はできないの？　屋外での活動はないんですか？

個別で必要な時は担当のケースワーカーや心理士が、外出させたり外泊させたりすることもあるが、あくまでも認められた時の対応なので、退所まではほぼ保護所内で過ごすことになる。そんな閉鎖的な場所だからこそ、外の空気を吸ったり気分転換などで所外の活動を取り入れていた。

しかしそれを前もって子どもたちに伝えると、その日は面接や面会したくないと断られたり、その日まで退所しなかったり、自宅が近いから無断で家に帰ろうと考えたりと、ケースワークに支障が出ないとも限らない。だから外出は当日の朝、出発直前に知らせる。それからバタバタとお弁当（もちろん給食の先生に作ってもらう）をリュックに入れたり、上着を着たり身支度を始めるという不思議な光景となる。

職員も当日まで子どもたちに気づかれないよう準備を進める。例えばキャンプに行くという活動をするとしたら、本来ならばそこに至るまでの過程も含めて貴重な体験や取り組みということだと思うが、保護所では当日のみの活動なのである。子どもたちも学習よりはお出かけの方がまし、ということでほとんどの子は喜ぶ。一六、七歳のお兄さんお姉さんになると、「えー、動物園ですか」「この年でも〜も〜らんど（牧場）？」と微妙な反応を示すこともある。

また、行きのバスの中で私に「ところで今からどこに行くんですか?」「それってどういうところですか?」と尋ねることもあった。外に出かけるということは、途中で子どもが無断で逃げるというリスクもあるのだが、私たちとしては少しでも息抜きやいい体験をしてほしいという願いがある。実際に所外活動中に子どもが無断でいなくなったことも数回経験し、いろんな意味で思い出深い所外活動である。

一時保護所を無断で出ていく子

一時保護に納得していない、保護所にいたくない、彼に会いたい、友達や学校に何も伝えず来てしまったのできっと心配している、約束していたなど様々な理由で出ていきたい、帰りたいと思う子もいる。建物内からでも出て行く子はなんとかして出て行く。その気持ちはよくわかるのだが、事故やケガが怖い、というのはある。せっかく家に帰ったのにまた翌日連れてこられる子もいたし、数日逃げ回ったあげく見つけて連れてこられた子もいる。

川端くん(仮名)は特別支援学校に通う中学生男児。家庭内暴力で一時保護になったのだが、彼なりの言い分があり、ただの親子げんかである、家に帰りたいと訴えていた。職員は「ちゃんと話し合いをしないと家には帰れないよ」と話すが、「なんで?」の一点張り。自分はここからでも家に帰ることができる、帰り道はわかる、と言うのだ。帰り道がわかるとかの問題ではもちろんないのだが、それを説明しても彼には伝わらない。そしてある日、戸外のグランドで遊んでいた時にフェンスを超えて帰ってしまった。

赤坂さん（仮名）は別フロアでケースワーカーさんが面接中に席を外した隙にいなくなった。手分けして探したがしばらくして見つかり戻ってきた。なぜいなくなったのか聞くと、

「なんとなく、ここにいたくないかなと思って外に出たけど、誰も気づかんし、追いかけてこんし……。でも行くとこないし……」

と、こういう子もいる。気晴らしだったり、構ってポーズだったりということもある。川端くんのように、散歩や所外活動中だと靴を履いているが、保護所内から出ていくときは裸足か靴下なので、ケガが心配である。実際にケガをした子も覚えているだけで何人かいる。冬だと寒いし、夏は暑いと思う。ある中学生女児もいったんドアが開いたのを見計らって出て行ったのだが、職員が靴など用意して手間取っている間に戻ってきて、「もう！どうして追いかけてきてくれんと？」と言うこともあった。

また、ある中学生男児は椅子を投げてガラスを割って逃げ出した。私はちょうどその日夜勤で、上司や担当ケースワーカーに報告をしたり、とりあえず片付けたりをしていたら、担当のケースワーカーが本児を連れて帰ってきた。わけを聞くと、その子は「家に帰りたかった。でも途中でやはりこれはいかんと思って戻ってきてたら、（よりにもよっ

て）ちょうど帰宅途中だった担当ケースワーカーにばったり会って、一緒に帰ってきた」と、なんだか笑い話のような出来事もあった。

破壊されたドアのガラスはかなり厚い強化ガラスなのだが、子どもが過ごす部屋に何を置いて何を置いたら行けないかということは、常に考えているところである。多くの保護所は畳敷きの部屋なのは、板張りだとテーブルと椅子、ベッドが必要になる。予算の問題もあるが、椅子やテーブルに乗って窓や天井を開けようとするなど、あらゆる事態を想定してそうなったんだなと思う。しかしこういうノウハウが、やがて一時保護改革で保護所改修工事に生かされてくることとなる。

強化ガラスのような大きい物だとすぐに修繕は難しいので、応急処置を施すことになるが、物はたびたび壊されるので日々修繕や補修に追われていた。

私たちは無断外出、略して無外と言っていたが、その中でも忘れられない無外がある。当時高校生だった田村さん（仮名）は私が夜勤の時にいなくなった。彼女はM保護所にいたが、こちらは鍵はかかっておらず、出入りは一応自由にできる保護所だった。あちこち探したが、夜九時頃、外も暗く見つからなかったので、関係者に電話連絡し保護者にも連絡を入れた。もしかしたら、保護者宅に帰ることや、他に行きそうな場所など心当たりがあるかなど話そうと思っていた。しかし保護者からは私の予想外の答えが返ってきた。

「え？　またいなくなったんですか？　そういうやつなんですよ。ウチには帰ってこないと思いますよ、ウチのこと嫌ってるし。そうやってあちこちふらつくんですよ。気を引きたいんじゃないですか。しばらくしたら帰ってくるんじゃないですか。他に行くところないし……」

ちょっとうんざりした心配などしていない口調だった。受話器を置いた時、私は田村さんがいなくなったことと同じくらい衝撃を受けていた。

だが、その読みは当たっていたのだった。まもなく彼女は戻ってきた。もう深夜一時、二時頃だったと思う。海岸を少し歩いて、夜風に吹かれたら帰ってきたくなった、と言った。職員は温かく迎え入れたのだった。

保護所に自ら来る子ども・保護所を出ていきたくない子ども

閉鎖的な場所だしいろいろな制限があるし、二度と来たくないと思う子もいたのは事実だが、逆にこのような場所でも他に行くところがない子どももいるのだ。しかも行き先があったとしても、中には「ここがいい。帰りたくない」という子もいる。「ここの方がまし」という子は、いったいどんな生活をしていたのだろうと切なくなる。また、自ら保護を求めてくる子も何人かいたし。職員を出待ちする子もいた。開庁時だとケースワーカーが対応するが、時間外にそういう子どもに話を聞くことがたびたびあった。中高生は休日や夜間に尋ねてくることがあったが、中には小学生もチャリをこいでくる子もいた。私たち職員は子どもたちが初めて出会う社会的養護の場であることから、駆け込み寺のような、安全かつ落ち着いた家庭的な場を提供したい、と思う。「先生と離れたくない、ここにいたい」という子が出てくることもまま見られるし、そういう子の背中を後押ししてあげることも必要だ。新しい場所に行きたくないと泣いたり座り込んで動かない子を何人も見た。私たち大人でも異動、引越し、転勤など一人で行くとなるとどれだけ不安かわからない。

長く保護所の職員をしていると、虫の知らせが働くことがある。「今頃水谷さん（仮名）どうしているだろう……」とふっと思い出したりすると、水谷さんが保護されてくる、とか。

小学生で自転車をこいでくる平尾くんは、偶然なのか（?）計ったように平尾くんが好きな夜勤者の時にやって来た。受け入れる方は、手続きや食事、物品の準備で忙しくなるが、子どもにとっては顔見知りの職員がいることは安心感につながるのではないだろうか。

保護された子どものペットはどうなる?

子どもが保護された時に子どもからの訴えで、「家にペットがいる。餌をあげないと死んじゃう」ということがある。ハムスターくらいであれば職員室で見ることができるが、犬、猫となると話は違ってくる。小動物は何匹か面倒を見たこともあるが、犬、猫については、職員の有志と保護、里親さがしに尽力したことがある。

一口に保護、里親さがしといえど、勤務外の仕事になるためボランティア活動といったところである。しかし子どもにとっては家族と同様で、離ればなれになるとしてもなんとかしてやりたいという思いがある。

松崎くん（仮名・中学生男児）は猫を二匹飼っていたが、一匹は残念なことに保護に数日かかったため、助からなかった。松崎くんは悲しくて泣いていた。残った一匹は水だけで生きながらえていたのでやせ細ってはいたが、なんとか助け出し里親さんもまもなく見つかった。里親さん宅に行く前に最後の面会をしたのだが、猫ちゃんも何か感じるものがあるのかキャリーバッグから出てくると、すぐに彼のひざにちょこんとすわったのだった。一匹だけでも救えて松崎くんもうれしかったと思う。

一緒に暮らせるとなおよかったのだろうが、どこかで幸せに生きていると思うだけでも救いになるのではないだろうか。

麦野さん（仮名・中学生女児）は猫も犬も複数飼っていたため、すぐには里親が見つからずとりあえずの一時保護ということで、有志の職員と手分けして預かっていた。私もそのうちの二匹を自宅に預かったものの、猫は飼ったことがなく、いろいろと戸惑うことが多かった。そのうちの一匹は知り合いに譲って、あとの一匹だがこの子は麦野さんと同じ年に生まれて今までずっと一緒に過ごした、という猫だった。ということは、麦野さんが一五歳なので相当の年寄り猫ということになる。おとなしく人懐こい雑種のキジ白だったが、一五歳の猫を引き取ってくれる里親なんてそうそう見つからない。一時保護のつもりだったがもう里親は見つからないだろうとあきらめていた。しかしこれが本当に不思議だが、保護した子どもの飼い猫となると顔が重なって見えて、他の猫とは比べものにならないくらい、(それは我が子が他の誰よりかわいいと思う気持ちに似ている)、毛柄も性格も鳴き声やしぐさも全てがかわいくて完全に愛猫家になってしまった。この猫が日々私をどれだけ癒してくれたかわからない。しかし、二年もたたず病気にかかり二〇二〇年一月、あっという間に旅立ったのだった。

その数カ月前のこと、麦野さんが退所してアルバイトをしている飲食店に猫の有志の職員たちと食事をしに行った。麦野さんは自活に向け着実に自分の道を見つけ進んでいた。ふたりとも(一人と一匹)私の手元から離れていったんだなと、うれしいようなさびしいような、複雑な思いに駆られたのだった。もう猫を飼うことはないかもしれないと思った。

一時保護改革

平成三一年、児童相談所内の一時保護所は縮小され、学齢児(小学生以上一八歳未満)女児男児それぞれ五名ずつ定員一〇名となった。幼児は乳児院や里親、学齢児も地域の施設や里親などへの一時保護委託が始まった。緊急性の高い子や閉鎖的な場での保護が必要な子どもが児童相談所内の一時保護所に来ることになった。保護所のハード面も改修工事が行われ、大きく変わった。H保護所は実質なくなり、一カ所のみ。イメージとしてはマンションの4LDKの男女別のユニットになった。定員も一〇名となるとより一人ひとりに手厚い個別ケアが可能になると考える。一人ひとりの個室は床張りにし、ユニット畳を複数枚そろえて自分でレイアウトできるようにした。布団を敷くときもその上に敷く。勉強机と椅子が必要なときは持ってくることもできる。

午前中は学習室へ移動して学習。今まで食事は別フロアの食堂で食べていたが、各ユニット内のダイニングリビングで食べる。午後はスポーツ。スポーツ後入浴。以前は数人で入浴していたが、新しい保護所では家庭と同じようなバスユニットがあり、一人ずつ入浴できる。それまでは、幼児は幼児室で集団で過ごし、学齢児の多くはM保護所で常時一〇人以上の集団で過ごしていたので、家庭的な雰囲気にはならなかった。集団的な処遇から家庭的な個別処遇への転換だった。

さて、そういう現状の中でもどうすれば子どもたちの権利擁護ができるのか、最善の利益を優先させることができるのか、会議等で繰り返し話し合ったのだった。

「子どもの権利条約」(児童の権利に関する条約)第一二条一にこう記されている。

締結国は、(…略…)児童に影響を及ぼすすべての事項について自由に自己の意見を表明する権利を確保する。この場合において、児童の意見は、その児童の年齢及び成熟度に従って相応に考慮されるものとする。

「子どもの意見表明権」は、この条約の規定に基づいて二〇一六年の児童福祉法改正により規定されたもので、司法面接や協同面接など家事事件手続き等に関わる子どもの参加(上記一二条の二)という一定の成果があった。しかし私は日々日常の中で子どもたちの意見表明は大切だと思っている。館内の会議で権利擁護のための話し合いがもたれ、「意見箱」が設置された。二〇一五年のことである。

これは子どもが書きたいと言ったときに書くことができ、その意見を所長が受け、しかるべき対応がなされる。内容は所長のみが知ることとなる。子どもたちにも、誰にも知られずに自分の意見を書くことができる、と入所時や集会の時に伝えていた。しかし日頃から職員に話しやすい雰囲気や家庭的な雰囲気があることも大切なことだと思っている。

もう一つの意見表明として、二〇一九年度より退所時のアンケート調査を実施し始めた。有田くん(仮名・高校生男児)は小学生の頃から親子関係がうまくいかず、何度か保護されていた。とても賢い子だったが暴言を吐くこともあり、コミュニケーションがうまくとれなかった。その有田くんが退所する日、私が「有田くん、先生たち少しでも保護所をよくしたいと思っとっちゃんね。だけん有田くんの思っとうこと書いて協力してほしいっちゃけど」と切り出すと、「そうですね。何かと課題の多いところだからですね」と有田くん。「でも以前と比べると居心地よくなりましたよ。先生たちもがんばったんですね」

こんな話を有田くんとできるようになるなんて、本当に職員冥利に尽きる。有田くんは保護所が嫌いで保護所に来たくない子だった。そのため保護所ではふてくされて、職員に対してもたびたび暴言を吐くことがあった。何度もトラブルを起こしていた有田くんだったが、アンケートには丁寧に記入してくれた。

ことばの裏側をイメージする

一時保護所に来て驚いたことは数々あったが、子どもたちの暴言には戸惑うことも多かった。というのも、私が保育士として学んできて心がけていたことの一つは、「子どものことばは大人のことばの鏡である」「声の大きい騒がしいクラスでは保育士が一番小さな声で話さなければならない」ということで、豊かな語彙や言葉かけ、適切な声の音量などに心がけたものだった。

もう一つは、エンパシー（感情移入）。相手の立場に立ち、感情がわかる、最近読んだ本にエンパシーとはどういうことかという問いに「相手の靴をはくこと」と答えたという中学生の話があった。エンパシーはずっと相手の中に浸るのではなく、自分自身に帰ってこないといけない、同情とは違うということだ。

子どもたちが大人を信用していないことは明らかだったが、敵対心むき出しだったり攻撃的だったりする姿を見ると、どういう体験を積み重ねてきたのだろうと思う。子どもの発する言葉の裏側をイメージする力を持たなければ、子どもとの距離を縮めることはできない。

「死ね」「殺す」「消えろ」と言う子は、なぜそう言っているのか、土下座して謝っている子はなぜそうするのか。突然過呼吸を起こした子にはどうする？　保護所では、次々に起こる事態に、その瞬間、瞬間が勝負なのである。私は子どもの表すどんなことも、必ず意味があり、表現する権利があると思っている。もちろん、暴言、暴力は許されないが、そういう表現方法をとるしかなかったり、他の表現方法を知らない、もしくはできない、身についていない、とイメージすることが必要ではないだろうか。

当初、私は就学前の子どもにしか通用しないのでは、やり方を変えた方がいいのかと悩んだこともあった。保護所でしか関わりを持つことのできない職員にとっては、その一瞬一瞬が勝負なのである。保護期間は数日しかいない子もいれば、二カ月を超えてしまう子もいる。何度も来る子もいる。もちろん限られた時間ですぐに結果が出るわけではないし、関係づくりができるわけではない。しかし繰り返し幼少の頃から保護されてきた子は、中学三年生や高校生ともなると、以前の保護所と比べてどうなっているかなど対等に話し合うことができ、職員冥利につきるなと思うことがある。

人として当たり前の営みを

私が着任した平成二四年度には非行系の子どももかなりいて、他の子が威圧されたり嫌なことを強要されたりすることがあった。二五年度、二六年度には立て続けに非行系の子どもが他の子を煽動して、暴動や立てこもりなどを起こした。二七年度になってくると、単独での集団不適応だとか、暴力行動が見られた。いわゆるボス的な存在で周りを巻き込んで何かをする、という子どもは見られなくなった。

発達障がい、不登校で引きこもり、スマホ、ネットが原因での親子げんかやトラブルで来る子どもが増えた。もうひとつ変わったことは皆集団で過ごすことを希望していて、一人個室で過ごしたいという子はいなかった。しかし徐々に、集団に入りたくない、一人で過ごしたいと言う子が増えてきた。それは人と関わりを持ちたくない、というのもあれば、集団行動が難しい、ルールが守れないし、朝起きれない。夜型の子どもが増えたとはつくづく感じる。

朝起きることができないことで、登校が遅れる、行きたくない、夜眠れないからスマホをさわる、朝起きれない、のスパイラルにはまってしまう。保護所はスマホも持てず、夜は二二時に就寝、朝七時時起床、三食の食事は決まった時間、と規則正しい生活なので生活リズムが整うことで落ち着いてくる子どももいる。

ここで、私が取り組んできて子どもたちに教えられたことを紹介する。今まで発達障がい、愛着障がい、学習障がい、認知能力の弱い子、被虐待児の子と多くの出会いがあった。その子どもたちに共通することは・人の気持ちが理解できない・人を傷つける言動を平気で行う・反省ができずに注意されても同じことを繰り返すという姿だ。学校においても、離席、暴言暴力、大声など対応が困難な子どもである。このような子どもたちを集団で見る時にどうしていたか。

かつて一時保護所では細かいルールを決めることで、どの職員でも同じ指導ができるよう、ルールを守らせることで日課をこなし落ち着いて過ごさせるようにしてきた。しかし、なかなかルールが守れないので『〇〇してはいけません』『守れないと〇〇（いいこと、好きなこと）ができません』という指導になっていた。これは一見効果があったように見えたが、同じことが繰り返され、しかもその度合いが次第にひどくなったり、子どもが職員に対し反発するようになった。また、職員によって差ができてきて、ある職員の時はおとなしいが別の職員の時に暴れるということが起こるようになった。

この『嫌なことを増やしていいことを減らす』という方法は効果が一過性で、刺激をどんどん強めていかないと効果が薄くなる、子どもたちの反発を招くというリスクが伴うことがわかった。ある中学生女子が私に言った言葉だ。「先生たちは私たちが大事じゃなくってルールの方が大事なんやろ」

そこで、その逆の『嫌なことを減らしていいことを増やす』という方法へ転換した。

また、ルールを『〇〇しません』という否定形の文章を『△△しましょう』という肯定形に変えていった。そしてなぜルールを守らなければならないのかを、理解できるように一人ひとりに説明することにした。その一方で不必要と思われるルールはどんどん減らしていき、その後も極力少なくするよう努めていった。今思えば、その当時の目標が『学習をがんばる』とか、『暴力をしない』とか、漠然としすぎてわかりにくかったのではないかと思う。それで『国語のプリントを五枚仕上げる』とか『暴れそうになったら「イライラする」と言葉で伝える』など具体的な行動に置き換えていった。

また、最初は子どもたち全員が同じ表に同じ目標（『学習を頑張る』とか『暴力をしない』など）にシールを貼ったりしていたが、小学生から高校生までいるということもあり、一人ひとりにできるだけ合わせた方法をとるようにした。

子ども一人ひとりと、して欲しい行動、好きなことなどを話し合ってカードを作り、一日の終わりに振り返って、できていたらシールを貼る、ポイントをもらう、担当のケースワーカーにほめてもらう。しかし、それは人（できるだけ担当職員を決めてその職員が応じた）と継続された時間（常に子どもを見ていること）を必要とした。その子の行動を逐一見ていないと評価ができないからだ。「それでいいよ」「よく我慢したね」など、場面場面に機会をとらえて関わらなければならない。

しばらくして私が感じたのは、子どもたちはシールをもらったりごほうびがあったりということで喜びはしたが、職員と関わっている時が一番いい表情をしていたことだ。

就寝前に職員が振り返りの時間を持つことにしていたが、子どもたちはそれを心待ちにしているようで、「先生、俺まだ？」と聞いてくる。そう。人と関わることそのものを望むようになるのだ。

ここ数年前から子どもたちはネットがらみのトラブルで来ることが多くなっている。スマホばかり扱って勉強しない、不登校、夜寝ないなどでの親子げんか、ネットがらみの非行、サイバー補導など。しかしそんな子どもたちが職員と話すのを待っている。（もちろん保護所にはネット環境がないので、することがないのだと言われればそうなのだが。）そして他の楽しみといえば、どの子も食事やおやつ、思い切り身体を動かせるスポーツなのだ。どんなにインターネットに浸っていようとも、ＡＩ化が進もうとも、子どもたちは人として当たり前の営みを求めているのだと思う。

もちろんこの一時保護所の短期間の保護の中で、全員がそれなりの成果が見られるわけではない。しかし離席や暴言、暴力を頭ごなしに否定するだけでなく、なぜそのような行動にいたっているのかを子どもと一緒に考え最善策を探っていくことが、これからの社会が大きく変化する時代を生きるための基になるのではないだろうか。

萌木の巻　あとがきにかえて

最初に書いたのは紅の巻である。もともとはKケースワーカーが『ドンマイカード』なるものを作っていて、「ああっ、やらかした。ドンマイ」なる失敗談を申請してポイントがたまったらお菓子がもらえるというものだった。私は仕事でうまくいかなかったことなど懺悔記録なるものを書いてポイントをもらっていたのだが、ただ書くだけでは面白くなくなって、漫画にすることにした。漫画だけでも保護所のことはそれなりに表せたのだが、やはり文章にも表したくなった。そしていろいろなエピソードを取り集めて出来たのが『浅葱の巻』だ。子どもの名前と英字は全く関係なくイニシアルではない。

次に思い出に残っている子ども一人ずつについて書いてみたのが『翡翠の巻』。私の中に色とりどりに宝石のように輝いているので、それぞれの章と子どもに色（宝石）の名前をつけた。

最後に一時保護所全体のこととその取り組みを紹介した真珠の巻。アコヤガイという小さな貝が海原の中で一生懸命時をかけて美しい真珠を作り出すように、なかなか知られることのない一時保護所という閉鎖的な空間での私たちの努力と重なる気がしたからだ。ここに登場する子は福岡市内の地名をつけた。地名と子どもの名前とは何の関係もない。

はじめはお世話になった方への感謝の気持ちとして、書き綴っていたがもう少し多くの人に読んでもらってはどうかと声をかけて下さった方の縁があり、このような機会に恵まれた。

保護所の職員の中にはもちろん、いろんな角度からもっと深く関わった人もいて、私が書いた部分は本当にごくごく一部に過ぎない。ささやかだけど、保護所の子どもたち、そして子どもたちを支える職員皆さんに心からエールを送りたい。

【著者略歴】
赤木ひとみ
元公立保育所保育士
前・こども総合相談センターこども相談課一時保護係長
福岡コダーイ芸術教育研究所代表

表紙イラスト・荻下丈

装幀・澤口　環

ジソウでみつけた宝石たち
児童相談所一時保護所で出会った子どもたち

2021年9月30日　第1刷発行
（定価はカバーに表示してあります）

著　者　赤木ひとみ

発行者　山口　章

発行所　名古屋市中区大須1丁目16-29
振替 00880-5-5616 電話 052-218-7808　風媒社
http://www.fubaisha.com/

乱丁本・落丁本はお取り替えいたします。　＊印刷・製本／モリモト印刷
ISBN978-4-8331-1142-3